JiLL Wreath BookⅡ

手づくりリース、季節の24レシピ

やまなか ますみ

Handmade Wreath,
24 Seasonal Recipes
by Masumi Yamanaka

リーブル出版

DAILY LIFE WITH FLOWER

SHOP

花と戯れる、ゆったりとした日々とはほど遠く、常に季節に追われる毎日を送っております。木・金・土曜日だけ営業のショップ・ジル。木曜日の朝は、眠っているお店を起こすような気持ちで履き掃除から始まります。

DAILY LIFE WITH FLOWER

DISPLAY

花の仕事は、季節のお仕事。
生の花がなくても、季節感は大切。
生活の中に、花を。
ショップのディスプレイは
インテリアの参考になるように、
そんな気持ちで提案しています。

DAILY LIFE WITH FLOWER

WORK
何個作っても、この小さな丸の中の世界は大きく無限でつかめない。ペタだけど作品の良し悪しは、上手いか下手かではなくそこに「愛」があるかないかだと思う。作品は、嫁ぐ娘。どうか大切にしていただけますように。

DAILY LIFE WITH

FLOWER

先日、昔の写真を出してみた。子育て奮闘真っ最中の中でも子どもが写る写真の隅には必ず花が。大変な時にこそ「自分を取り戻すための花」が必要だったみたい。気持ちに余裕がない時こそ、「花」を。

DAILY LIFE WITH FLOWER

LESSON

レッスン、もうすぐ25年。気づくとライフワークになっています。レッスン生は、ジルと一緒に歩んできくれた大切な仲間です。いつもありがとう！このキットからどんな作品が生まれるのか楽しみです。準備が終わるとレッスンがほぼ終了した気持ちになります。

DAILY LIFE WITH FLOWER

RAIN

もし、リース制作の日の天候を選べるとしたら、迷わず雨の日。シャットアウトされた、また雨のベールで守られているような特別な空間に。安心して集中できる日。雨、好き。

DAILY LIFE WITH FLOWER

GALLERY

2022年11月、8年ぶりに開催した個展「好きな花を集めて」。実店舗がある私にとって個展の開催は、時間との戦い。花にとことん向き合える貴重な時間に感謝です。rebirth of flowers
私の手からまた、新しい命をあなたのもとへ…

はじめに

花が好きではじめたリース作り

花が好きだから
花を買う、花を生ける。

花が好きだから
長く楽しみたくて、花を吊る。

花が好きだから
花と遊ぶ時間を楽しみたくて、リースを作る。

花が好き過ぎて
自然と導かれるように
ジルが、1999年オープンしました。

リース作りの楽しさを伝えたかった1冊目の本では、
入門編のリースレシピや私のリースへの向き合い方等の
お話がメインでした。

今は、リースを作る方も増え、飾ることも特別ではなく
なりました。かなり身近になってきたと思います。

2冊目になる今回は、実際にジルでレッスンしたレシピを
季節毎にご紹介します。

是非、チャレンジしてみて下さいね。

やまなか　ますみ

Contents

Prologue	2	花とともに過ごす日常
Message	17	はじめに
Chapter 1	21	ジルのレッスンへようこそ
	22	・揃えておきたい道具
	24	・ワイヤーワーク
	26	・花合わせのヒント
	28	・花材をセレクトしてみよう
Chapter 2	31	手作りリースの基本
	33	・天使のリース
	39	・ヘリクリサムのリース
Chapter 3	45	春のレッスン
	61	夏のレッスン
	77	秋のレッスン
	91	冬のレッスン
Chapter 4	109	花材の扱い方
	110	・花材の劣化対策
	111	・色褪せした花材の生かし方
	112	・ドライフラワーの作り方
Portfolio	115	作品集
Epilogue	123	おわりに

JiLL
WREATH LESSON

Chapter1
ジルのレッスンへようこそ

本を片手に、一緒に作っていきましょう！あまり、細部にこだわらず、レシピに振り回されず、花材も手に入らなくても似たような花材で代用するくらいの楽な気持ちで制作していきましょう。

01 ｜揃えておきたい道具

ここでは、リース作りでよく使う道具と使い方をご紹介します。

01：ハサミ
軽くて先の長いものがオススメ、ハサミの奥でワイヤーもカットできるものが便利です。太いワイヤーはカットしないこと、刃を傷めてしまう原因に。太いワイヤーは、専用のハサミを使用。特にアーティシャルフラワーに使用します。

02：目打ち
花材が入りにくいときに、これで花の通り道を作るのに便利。また、モスを入れ込んだり、ボンドをすくって塗ったり、多目的に使えるアイテムです。

03：ピンセット
指が入らない細かい花材をぐっと奥に入れ込むときに使用。先が尖っているストレートタイプが良い。

04：木工用ボンド
ジルでは主に速乾性の木工用ボンドを使用。ボンドはたっぷりと付け、乾くと透明になるので仕上がりがキレイです。

05：グルーガン
熱で専用のボンドを溶かして接着。花材にステムがないときや、重さのある実ものなどを接着するときに使用。このボンドは、固まると白くなってしまうのと、糸を引くので注意が必要です。低温用を使用しています。

06：フローラルテープ
花をまとめるときに使用、しっかりと締まります。弱い花材のステムの補強、ワイヤリングの際のワイヤー隠しなど、テープを上手く使うことでドライフラワーがしっかりまとまります。

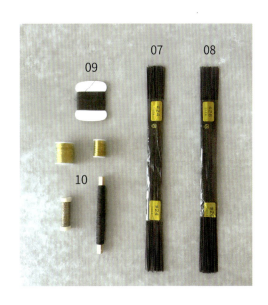

[ワイヤー各種]
クラフト用の針金。番号が小さいほど太く硬く、本書では、#24と#26を使い分けています。

07：地巻きワイヤー#24
重さのある花材のワイヤーリング、Uピン、リースのフックワイヤーとして使用。

08：地巻きワイヤー#26
曲がりやすいので、軽めの花材のワイヤーリングや小束を作るときに使用。

09：リースワイヤー
エンドレスになっているので巻きながら制作するリースに使用。

10：糸針金#28(大)、#34(小)
花のガーランドなどワイヤーを見せたいときに使用。

02 | ワイヤーワーク

ワイヤーを自由自在に使えるようになると、花材の使い方に広がりがでます。臨機応変に自分の感覚で使いこなしながらマスターしていってください。

> CHECK
>
> ワイヤーのサイズ選び
> くるくる曲げるには細番手。ステムにするにはしっかりとした太番手が使いやすいです。ひとつの花材に2種類のワイヤーを使うこともあります。

1 ステムに長さをプラス

茎が短い、または弱い花材にワイヤーを掛けることで長さや強度の調節が可能。角度も付けやすくなります。

［ステムにワイヤーを巻き付ける］
細く短い花を束ね、ワイヤーで巻いて大きな花にすることも。

［花材にひっかけ、ステムを作る］
ワイヤーが外れないよう、花材や枝別れの部分にひっかけます。

［リーフにワイヤーをそえる］
ドライフラワーの葉は通しづらいので後ろで支えるだけでもOK。

［細いステムに、枝をそえて］
補強だけでなく、あえて枝を見せながら支えることも。

［花材に差し込む］
ワイヤーにボンドを付けて差し込む。花材から突き出ないよう気をつける。

［フックで引っ掛ける］
茎の下から突き挿したワイヤーの先端をフック型に。花材を痛めないよう下へ引っ張る。

2 U字に曲げてベースに固定

花材をリースベースに固定するときに便利です。ワイヤー#24を曲げてUピンを作り、木工用ボンドを付けて挿します。

3 リースフックとして

主にワイヤー#24を使用。大きなU字にしてベースに差し込み、ワイヤーをねじってフックを作ります。リースの重さを考えてワイヤー番号を決め、ベースの硬さに合わせ付け方を工夫します。

しっかり硬いベース	ほぐした柔らかベース	スワッグ

▼▼▼

ベースのツルの一部にワイヤーを通してフックを付けます。花材が入って重くなる場合は、ベース全体を包む方法で付けてください。

形崩れを防ぐため、ぐるりと全体を包むようにフックを付けます。表面は、ワイヤーが見えないようベースと花材の隙間に通す。

スワッグの裏側、リボン下の枝の部分を何本かすくいワイヤーを通しフックを取り付けます。

03 | 花合わせのヒント

さて、いざ作品を作るとなると何をどう組み合わせたらいいのか、何かしらの取っ掛かりが必要です。私がヒントにしているものや、レッスン生にアドバイスしていることを紹介します。

1　まずは「マネ」てみる　　　［初級〜中級］

「自分の好き」を見つけることが大切。本やSNSなどでいいな！と思った作品からトライしてみてください。作っていくうちに、好きな花材の組み合わせや色等が分かってきます。

2　季節を感じる花材で選ぶ　　　［中級］

リース作りは、季節を楽しむことのできるクラフト。
その季節ならではのフレッシュな花材を使ってみましょう。ひと花材だけでも充分です。代表的なものとしては、春はミモザ、夏はスモークツリーやグラス系。秋は実ものや秋色紫陽花。冬はヒムロスギ等の常緑樹です。料理と同じ感覚で季節のお仕事のひとつに取り入れては、いかがでしょうか？

3　インテリアに合わせる　　　　　　[中級]

リースやスワッグは、いわばインテリア雑貨のひとつ。
テイストに馴染むデザインや花選びが必要になります。

例えばフレンチカントリーなら、ナチュラルな草花系のドライフラワーをたっぷりバスケットにアレンジしたり、ホテルライクな空間なら、色は抑えてシンプルにワイルドフラワーで生けてみたり空間をより引き立てるデザインと花材選びが大切です。

後は、部屋の用途に合わせた作品。例えば、キッチンならスパイス系の実ものやドライフルーツを使ったガーランド。寝室ならラベンダーのリースを飾ってといった具合です。

4　イメージから連想　　　　　　[上級]

たくさん作品を作っていくと、「自分らしさ」に飽きてきます。そんなとき、日常の中で目に止まり感動したシーンの色合わせを作品に生かす方法がおすすめです。

例えば、洋服のプリント生地やポストカード、絵画、景色、料理、写真、ファッション等。色はそこら中に溢れています。普段、自分では絶対にしない色合わせにチャレンジしてその幅を広げていきましょう。

正解はない

レッスン中によく聞く言葉に「正解が分からない」という言葉が……。正解って、人が決めることでもなく。自分が認めることだと思います。

自分の中で不安な時ってありますよね。作品の中に入り過ぎて、何が良くて何が悪いか分からない。そんなときは、作品から離れます。また、改めて向き合うようにしています。いちからやり直しってこともあります。

04｜花材をセレクトしてみよう

初心者の方にオススメしている花合わせの選び方手順を3ステップで紹介します。
これが決まるとドンドンイメージが湧き、花合わせも進み作りやすくなります！

STEP 1
1番使いたい
「ときめき花材」
を選ぶ

これを使いたい！と思うメイン花材。大きさ等は、関係なく選びます。
例）ソーラーローズ

STEP 2
①より小さめの
「引き立て花材」
を選ぶ

「ときめき花材」ほど目立たず、小さめ。寄り添うような花材。分量も少なめです。
例）イモーテル

STEP 3
テイストを決める
「盛り上げ花材」
を選ぶ

3番目の花材
ここ重要！

そのリースのテイストが決まるようなキー花材です。さまざまなバージョンで考えてみましょう。

JiLL
WREATH LESSON

Chapter 2

手作りリースの基本

1 | 天使のリース
2 | ヘリクリサムのリース

基本のリース1｜パズルのように花材を「のせる」

LESSON MOVIE!

天使のリース

白い小花ばかりを集めたリースです。
リースの形を美しくすることを意識して花を入れましょう！

[花　材]

ドライ
①ワイルドコットンフラワー
②ハハコ草
③アナハリス
④パンパス
⑤ペッパーベリーホワイト
⑥千日紅

プリザ
⑦フィンランドモス（白色）

[使うもの]

・リースベース 15 ㎝
　（ストローバイン・ウォッシュホワイト）
・波ワイヤーまたは糸針金 #28
・木工用ボンド

POINT

この作品は、花材を挿すというより、
終盤に近づくほど「のせる」感覚で。
パズルのように花をはめ込む感じです。

01 │ リースベース作り

市販のリースベースを好みのサイズにアレンジします。
ベースをほぐして花材を入れやすくします。

ここでは、ツルを解き、サイズを少し小さく、その分高さをとります。

ワイヤーで上下左右4カ所をとめてから全体を巻きとめる。

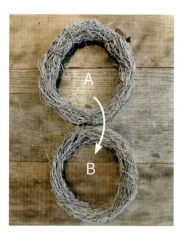
AからBにリサイズできました。

02 │ モスで土台を調整する

モスを全体的に付け土台を作る。
凹みを補うようにボンドでしっかり付けます。

モスは最後にも追加するので、少し残しておきます。

リースベースは作品に合わせてアレンジ

リースベースの種類は多いのですが、意外と作りたいリースにマッチしたベースは少なく、既製のものを目的に合わせてアレンジして使用しています。作品のイメージに合わせたリースベース作りは、大切な工程です。

力を加えてオーバル型に

［ワイヤー入りベース］
そのまま曲げてオーバル型に。

［ワイヤーなしベース］
ベースの左右部分に力を加え（天地がバキバキと折れるほど）オーバル型に。さらにワイヤーで巻く。

分解してアレンジ

ハサミで余分なベースの分量をカットし、それをボリュームがほしい箇所にワイヤーで巻き付け、三日月型や雫型にアレンジ。

曲げてアレンジ

ワイヤー入りベースの輪を1カ所切り、好きな型に曲げて作ります。数字やアルファベット、記号など単純な一筆書きなら可能です。

03 | 花材を入れる

花が入りやすいようモスの上から目打ちで穴をあけます！
メインの花材は、隠れてしまわないよう後入れに。

パンパスを左右どちらか流れるようにボンドで付ける。

リースの内側、外側にアナハリスをバランスよくちらす。

千日紅を特に凹みのある所に入れます。千日紅の高さが気になる場合は、下の花びらを取り除き調整します。

その他の花材を少しずつ並行しながら入れ、最後にモスを花材として入れます。白が際立って明るくなります。完成です。

メイン花材の挿し方のコツ［パズル型］

凹みを補うように

ベースの段階から、均一に仕上がることを意識して凹みや隙間を補うように花材を入れます。

パズルのようにはめる

終盤に近づくほど、ベースに挿すのではなく、花材の上にパズルのようにはめ込む感覚です。

ボンドの使い方

ボンドは、入れたい場所にピンポイントで付ける方が作業が楽です。ピンセットや目打ちもあると便利です。

花材は中央部が一番高く

リースの中央部が平らになりがちです。「こんもり」を意識し、一番高くなるように仕上げます。

基本のリース2｜エアリー感のあるリース

ヘリクリサムのリース

庭に咲くヘリクリサムが、風に吹かれてそよぐ
そんな情景をリースに。

[花　材]

ドライ
①ヘリクリサムワイヤー付（ミックス）
②スターチス・アプリコット
③ノイバラの実
④サンキライ
⑤ニゲラ
⑥黄花ノコギリ草
⑦千日紅
⑧グンバイナズナ

フレッシュ
⑨ワイヤープランツ

[使うもの]

・木毛
・ラフィア
・リースベース 20 ㎝（ヒゲツル）
　（花材がすんなり挿せるようなベース）
・木工用ボンド

—— リースのイメージ作り ——

頭の中で作品のイメージを自然環境の中に置き換え、まるでジオラマ作りか絵を描いているような感覚で制作します。そのために、昼間の明るいとき、緑が見える場所、風の入る部屋、たまにBGMをかける等、制作の環境を整えてます。

01 | エアリー感のあるベース作り

リースベースの上に木毛を置く。

木毛をベースの内側外側と全体を覆う。

ラフィアを目立たないよう細くしベースに巻く。

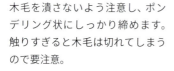

ラフィアの巻き方

木毛を潰さないよう注意し、ポンデリング状にしっかり締めます。触りすぎると木毛は切れてしまうので要注意。

ワイヤープランツにボンドを付けてしっかりベースの奥に挿します。流れは気にせず無造作でOK！

ワイヤープランツの先を生かすように内側や外側にちらほら見えるのがいいです。

曲線を生かした花材選び

リースにエアリー感を出すには、曲線を生かした花材選びが大切です。ベースにアレンジしたり、繋ぎ花材として使うことで、エアリー感やアンティークな雰囲気を演出してくれます。

花材を入れやすくするために

リースベースにひと手間アレンジすると、花材が入れやすくなります。ガーデニングでいうと、雑草が生えているような状態です。
さらに、選ぶ繋ぎ花材によってエアリー感が出ます。重ね使いもありです。

ベースにアレンジ花材

木毛、スパニッシュモス
シサル麻、ワイヤープランツ等

繋ぎ花材

シースターファーン、かすみ草
パンパス、ススキ、スモークツリー、枝、
ゴアナクロー等

02 ｜花材を入れる

ヘリクリサムは、色、バランスを考え対角線上に入れます。
メイン花材のまわりに他の花材も少し挿す。これを繰り返します。

ヘリクリサムは、少し角度をつけ、対角線上に入れます。

花の裏側にもワイヤーにもボンドをたっぷりと付け、ベースの芯にしっかり挿す。

サブ花材の花や実は、その都度高さや分量の調整をしながら入れます。

全体的に花が入ったら、グンバイナズナやワイヤープランツで花と花を繋ぐよう調整すると、全体に繋がりが出てまとまってきます。これで完成です。

03 | フックをつけるタイミング

完成に近づいたところで、リースを回し天地を考えます。意外なところが良かったりします。天地が決まったら、花材調整をして、フックを付けます。

※フックの取り付け方
参照ページ：P25

メイン花材の挿し方のコツ ［エアリー型］

1
正面入れではなくまずは内側に少し傾け、押し込まずふわっと入れる。

2
角度が付くことで他の花が入れやすく立体感と自然な繋がりがでる。

3
風になびく草原をイメージして。

花の顔がしっかりとある花材は、花の向きが重要。あまり花と目が合うと、軽やかさがなくなり重い印象になるので注意しましょう。

SPRING LESSON

JiLL
SPRING LESSON
Chapter3
春のリースレッスン

年明けジルのレッスンは、ミモザの黄色から始まります！黄色に暖かい陽射しと春の始まりのワクワク感を！そして、芽吹き。春は、明度の高い色の組み合わせと「花」の顔がある花材の出番です。

Mimosa Crecent wreath
ミモザの三日月リース

NO.01

[花　材]

ドライ
　・イタリア産ミモザ
　・タタリカ（ベース用と花材用）
　・グレピレア
　・レモンユーカリ

プリザ
　・かすみ草フラワーベール

フレッシュ
　・オリーブ
　・ワイヤープランツ

[使うもの]
　・20cmリースベース（ヒゲツル）
　・ワイヤー#24
　・木工用ボンド

POINT

リースベースをふんわりほぐし
ベースの隙間に花材を入れることで
メイン花材が挿しやすくなります。

作り方

[1] ベースのツルをほぐし、約半量でベースの元を作る。
[2] 残りの半量から三日月型を作る。(残ったツルも最後に使用)

．．

[3] 2のツルは、1のベースの内側に重ね、隙間にレモンユーカリを挟み込むように入れる。図aの白線2カ所をワイヤーでとめ、次に図bの白線2カ所もとめる。
[4] ワイヤープランツとタタリカをベースの隙間に埋めるように入れる。
[5] 長いミモザを三日月の先の方に寝かせるように入れ、短いミモザは、中央部に立てるように入れる。

．．

[6] オリーブ、タタリカ、かすみ草、ミモザを少しずつ入れていく。
[7] グレピレアは、カットして入れる。
[8] 最後に、残しておいたベースのツルをあしらって完成。

Antique oval wreath
紫陽花のアンティークオーバルリース

NO.02

［花　材］

プリザ
・ピラミッド紫陽花（2色）
・アイスランドモス

ドライ
・ユーカリ
・イチビの実
・ペッパーベリー
・山母子
・ナンキンハゼ
・ニゲラ
・シルバーブルニア
・ワイヤープランツ

［使うもの］

・25cmリースベース（ヒゲツル）
・グログランリボン
・木工用ボンド

POINT

アンティーク感は、曲線を生かすこと。
花材のもつ枝のカーブを表現できればOK！

アシンメトリー、花材のボリュームの強弱、
そして高低差をはっきりつけることが大切。

| 1 | 2 | 3 |
| 4 | 5 | 6 |

作り方

［1］ 丸いリースベースを手で好みのオーバル状に曲げリボンを付ける。
［2］ ワイヤープランツをベースにからませ、紫陽花のバランスを考えアシンメトリー
　　　に置いてみる。まあるくこんもりなるように。
［3］ 全体のバランスを見て、残りの花材の組み立てをしておく。

［4］ トップのメイン部から花を入れ、イメージを具体化する。
［5］ ユーカリを全体に入れる。枝のカーブを生かし大人っぽく。
［6］ 春のイメージを出すためモスを少し入れる。
　　　全体的に少しずつ花材を入れ、紫陽花のバランスを調整。
　　　ベースのサイド部分にモスを加えて完成。

Germinal Muscari arrange
芽月・ムスカリアレンジ

NO.03

[花 材]

アーティシャル
・ムスカリ

プリザ
・アイスランドモス
・サーウィンバイン

ドライ
・ブルーファンタジー
・カーリーグラス
・ヘリクリサムフェアリー

[使うもの]

・オアシス
・7cmリースベース
・英字タマゴ（2個）
・器（サイズ20cm相当）
・ワイヤー#24
・目打ち
・木工用ボンド

POINT

春の陽射しに目覚めたムスカリを
表現して生きているように。

サブ花材は、キレイ過ぎない花材
を選びリアリティを演出します。

作り方

[1] オアシスを器に合わせカットし、隙間なく入れる。
器の端は、オアシスを削り落とす。
[2] タマゴの1つは縦半分に切り、ワイヤーを付けてオアシスに挿す。
もう1つは、切り目を入れて中身を少し取り除いておく。

[3] モスを正面は垂れ下がるように、後ろは目打ちで器に入れ長めの
Uピンでとめる。
[4] ムスカリに動きをつけ入れる。

[5] 他の花材も入れる。
・カーリーグラスは茅のように
・サーウィンバインとヘリクリサムは手前へ立体的に
・ブルーファンタジーはムスカリの間へ
[6] 切り目を入れたタマゴにボンドを付け、モスとムスカリを入れ
リースベースにモスを乗せ、タマゴを固定させ完成。

SPRING LESSON

Spring color wreath
春カラーリース

NO.04

[花　材]

ドライ
- ヘリクリサム
- サンキライ
- ハニーテール
- イモーテル
- ピンクペッパー
- のいばらの実
- マルガリータ
- 初雪かずら

プリザ
- 紫陽花（みなづき）
- 千日紅
- メラレウカ

フレッシュ
- ワイヤープランツ

[使うもの]

- 15cmストローパイン
- 木工用ボンド

POINT

ビタミンカラーの取り合わせがキュートな作品。下草を入れたら絵具で色を足すように、大きな花材から順にいれていきます！

作り方

[1] 花が挿しやすくなるようベース全体に目打ちを通す。
[2] 下草のワイヤープランツ、初雪かずら、メラレウカを入れ、ベースの土台を作ります。下草の流れをは気にせず、絵の具で色を足すように花材を入れる。

[3] 大きな花材から色を置くような気持ちで入れる。

[4] 小さい花材はアクセントになるように入れて完成。

Natural bouquet arrange

ナチュラルブーケボードアレンジ

NO.05

［花　材］

ドライ
- ユーカリ
- スターグラス
- シャイニーホワイト（紫）
- ポアプランツ
- ジャジャルダ
- ニゲラ
- ローズヒップ
- イタリア産ミモザ
- ラグラス
- リンフラワー
- ★ヘリクリサム（橙色）
- ★千日紅
- ★ペーパーカスケード
- ★カイガラ草

プリザ
- メディア
- シャワーグラス
- アグロスティス
- モリソニア
- ティーツリー

［使うもの］
- フレッジリボン
- ラフィア
- ワイヤー#26
- ウッドボード
- 木工用ボンド
- グルーガン

POINT

ボードの上に花をブーケ状に置いてみて、感覚をつかんでから作り始めましょう。植物の自然な形を作品に生かしてください。

SPRING LESSON

1	2	3
4	5	6
7	8	9

作り方

[1] ボードの上にリボンとユーカリを置き、リボンの位置を決める。
　　リボンをグルーでボードに取り付ける（○印部分のみ）
[2] 色味の薄いグラス系の花材を、ユーカリの隙間に入れる。
　　ブーケの根元は、葉をのぞき枝だけにしておく。
[3] 色味の濃いグラス系の花材を、色のバランスをとりながら入れる。丈の短いものはワイヤリングして入れると良い。

[4] 束をラフィアでゆるく結び、安定させる。
[5] 花（★花材）をブーケに挿し込む。その際、花をボンドでボードや他の花材と接着させ、固定。
[6] ラフィアをしっかりと結び、束元をグルーでリボンに付ける。

[7] リボンを片結びし、もう片方のリボンは蝶結びに見えるようにグルーで接着する。
[8] リボンから出ている枝を切り揃える。さらに枝の切れ端などをグルーで追加接着し、束感をだす。
[9] ボードを立ててみて、不安定なところをグルーでとめて完成。

Hydrangea & small flower

紫陽花と小花のリース

NO.06

[花材]

プリザ
- セイヨウ紫陽花
- ストーベ
- スターチス
- アンティークかすみ草
- ユーカリエキゾチカ
- パウダーかすみ草

ドライ
- ボリジ
- シレネ
- ドドネア
- フィリカ
- ラグラス
- モリソニア
- モリソニアペイント
- スパニッシュモス

[使うもの]
- 15cmリースベース（ストローバイン）
- ワイヤー#24
- 木工用ボンド

POINT

こんもりとしたリースに仕上げます。
リースの中心が盛り上がるように。

作り方

[1] ベースのワイヤーをほどき、花材が入りやすいようほぐす。
[2] ベースをふんわりさせワイヤーで6カ所とめる。

[3] スパニッシュモスをベース全体にのせる。
[4] 紫陽花を全体に入れる。(ランダムに隙間を作る)
[5] 隙間に他の花材を入れて厚みも出たら完成。

※モスは、紫陽花をボンドで入れることで固定されます。

JiLL
Spring arrangement

トキメク春の簡単アレンジメント

色とりどりの花の季節。「花」を楽しみましょう。
白樺ボートに付けたり、小さなバスケットにアレンジしたり、カスミ草はブーケにしてぶら下げて。
春が訪れてくれます。

SUMMER LESSON

JiLL
SUMMER LESSON

Chapter3
夏のリースレッスン

初夏は、ドライフラワーに向いている花材がどんどん咲く季節！気持ちも足取りも軽やかに！ラベンダーの香り、穂のある植物へ。色も春の暖色から涼やかな寒色へ。湿度にも強い花材をセレクトしたアレンジがメインになります。

Lavender swag in early summer
初夏のラベンダースワッグ

NO.07

[花 材]

ドライ
- ラベンダー
- ウイローユーカリ
- かすみ草ナチュラル
- プルモッサム
- ヒメワラビ（白色）

プリザ
- かすみ草 パウダーグリーン
- ストーベ スプリンググリーン

[使うもの]

- フレッジリボン（白色）
- フローラルテープ
- ワイヤー#24

POINT

テーブルの上に置き、花材を重ねながら作ります。上から見てひし形、横から見て三角形の形になるように。

花材はどれも少し残して、最後に上から重ね入れるとまとまります。

1	2	3
4	4	5
6	7	8

作り方

[1] ラベンダーを小束にする。本数ではなく分量を同じにする。
　　 束ねる際、先を三角にして束の中央のみテーピングする。
[2] ウイローユーカリを少しずつ重ねていき、スワッグの基本の形を作る。
　　 ステムが足りない時は、ワイヤリングしテーピングする。
[3] ストーベを2の間に奥から手前へ入れる。短いストーベは仕上げ用に残しておく。

[4] ラベンダーを奥から順に入れていく。入れたい場所に合わせステムを曲げる。
[5] 白いかすみ草を手前に入れ、左側にヒメワラビを入れる。

[6] プルモッサムは大きいものほど短く手前に入れ、テープで手元を軽く巻く。
[7] 残しておいたストーベを重ね、かすみ草パウダーグリーンを上からふんわり
　　 かけ、テープで手元をしっかり巻く。
[8] テープの上にリボンを巻きつけ、好みの長さの片結びをして完成。

Laglas simple wreath
ラグラスのシンプルリース

NO.08

[花 材]

ドライ
- ラグラス　4束
- 白ススキ

[使うもの]

- ココナッツファイバー
- 木毛
- 20cmリースベース
  （ストローバイン）
- 地巻線ワイヤー（茶色）
- 木工用ボンド

POINT

ラグラスの大きさはさまざまです。
神経質にならずに制作しましょう。

作り方

［1］ ベースのワイヤーをほどき、高さと内寸を広げるようにほぐしワイヤーで巻く。
［2］ ココナッツファイバーをのせる。
［3］ 木毛を少々トッピング。

....

［4］ 白ススキをメイン表面にのみ入れる。
［5］ ラグラスを同じ大きさのものばかりでそろえ、メイン表面に入れていく。
［6］ ベースのサイドに白ススキを入れる。

....

［7］ ラグラスをリースの外側、内側とどんどん入れていく。（小さいものは内側に）
［8］ ラグラスの葉を穂の近くまで移動させたものをバランスよく入れる。
［9］ 白ススキをさらにメイン表面に入れて完成。

Lavender garland
ラベンダーガーランド

NO.09

［花　材］

ドライ
- ラベンダー
- ポプルス（白色）
- シルバーデイジー（白色）
- 小麦（白色）
- ヒカゲのかずら
- イモーテル（白色）
- 花かんざし
- オレガノケントビューティー
- クリソセファラム（黄色）
- アメリカーナ
- ウラジロ
- グンバイナズナ
- ハッピーフラワー（黄色）
- ユーカリボタン
- スターアニス（八角）
- グイの実
- くるみ OR 月桃の実

プリザ
- ピラミッド紫陽花
- ミニ山イモ（白色）
- かすみ草（紫色）

フレッシュ
- ワイヤープランツ

［使うもの］

- 地巻線ワイヤー
- フローラルテープ
- グルーガン
- 木工用ボンド

POINT

ガーランドは下から制作します。

ラベンダーと一緒に巻く花材と後からボンドで付ける花材とに分けます。

1	2	
3	4	6
	5	

作り方

［1］　ラベンダーを6～10束に分け、花のすぐ下をフローラルテープでまく。(以降、10束想定で解説)

［2］　ラベンダーをテープ下11cmくらいに切り揃える。

....

［3］　完成形を想像しながら、ラベンダーと花材を並べてみる。ラベンダーは花が下、茎が上になるように9束を縦に並べ、残った1束のみ花が斜め上になるような配置で最上部の束とクロスさせるイメージ。（写真5も参照）

［4］　9束のラベンダーを階段状に重ねて、花から茎の方へとワイヤーを巻いていく。ワイヤーで巻きたい花材があれば、この時一緒に巻くこと。

［5］　残りの1束を［3］で確認した配置で最上部の束の上に重ね、テープで巻き、その上からフックワイヤーをつける。
　　　　最上部の束を巻いていたテープが目立つようであれば、これを取り除く。

［6］　束をクロスさせた箇所に、一番華やかに花材を飾る。残り花材もグルーやボンドで接着し完成。

Small flower adult wreath
小花のアダルトリース

NO.10

[花 材]

ドライ
- ゆき柳
- ブルーファンタジー
- リューカデンドロン ブラッシュスプレー
- ローナス
- SAデージー（水色）
- かすみ草

プリザ
- 紫陽花アナベル（白色）

[使うもの]
- シザル麻
- 15cmリースベース（ヒゲツル）
- 木工用ボンド

POINT

大胆、そして繊細に。
水彩画を描くような
草原でリースを作るような
蝶が遊びに来てくれるような
ふんわり爽やかなリースになりますように…

SUMMER LESSON

1	2
3	4
5	6

作り方

[1] ベースをほぐしてふんわりとさせ、ワイヤーで巻き直す。
[2] シザル麻をのせる。
[3] ゆき柳を長めに大胆に入れる。(あえて流れを作らず)

[4] ブルーファンタジーを一方向に入れる。
[5] リューカデンドロンと紫陽花を入れる。
[6] 紫陽花、かすみ草、SAデージー、ローナスは
　　 花の高さに注意して高く・低く入れて完成。

Summer resort wreath
サマーリゾートリース

NO.11

［花　材］

ドライ
・ペペコン
・エゾ松
・アムラ
・ブルニア
・コメツガ
・ワタカラ・スノー
・カーリーポッド
・ユーカリボタン
・トータムローズ
・ヒメツバキ
・月桃の実
・シナモンチップ
・オタフクナンテンの枝
・ココファイバー

プリザ
・スケルトンリーフ

［使うもの］

・麻ヒモ（ジュート）
・麻蝋引き紐
・30cmリースベース（ウイロー）
・糸針金（#34金色）
・ワイヤー#26
・グルーガン

POINT

麻ヒモやココファイバーの自由な使い方がポイント！ベースと花材同士をグルーでしっかりととめていきます。

作り方

[1] 大きなペペコンをグルーでベースに固定。
[2] ペペコンが外れないようココファイバーや麻ヒモで巻き安定させる。
[3] 大きな花材から付けていく。
　　麻ヒモ：ベースや他の花材に巻いたり、リボンに結んで入れたりと工夫する。
　　ココファイバー：接着しづらいので、麻ヒモで巻いたり花材で上から抑え固定。
[4] 蝋引き紐は、結び目を作りフックにし、ワイヤーでベースに固定する。
[5] 紐の先にグルーをつけ、シナモンチップに入れる。
　　スケルトンリーフは、取り付ける紐の位置に糸針金で巻きつけて完成。

Horizontal arrange
ホリゾンタルアレンジ

NO.12

[花　材]

プリザ
　・ソリダスター（2色）
　・ティーツリー（緑色）
　・ピラミッド紫陽花（2色）
　・エリカ
　・スパニッシュモス

ドライ
　・ウラジロの枝
　・ウラジロの葉
　・ユーカリグロボリス
　・ソーラーローズ（水色）
　・シルバーデイジー
　・イモーテル（水色）
　・初雪かずら

[使うもの]

　・リボン
　・フローラルテープ
　・ワイヤー#26、#24
　・バインのリース　ベースをカット
　　（又は小枝を束ねたもの）
　・グルーガン
　・木工用ボンド

POINT

ベース作りはテーブルで、花を入れるときは壁に掛けて制作します。飾るときの視線を意識しましょう。

1	2
3	4
5	6
	7

作り方

［1］　ウラジロの枝でベースを作り、フローラルテープで中央を巻く。

［2］　ユーカリグロポリスを重ねて、さらにテープで巻く。

［3］　バインの束（リースベースをカットしたもの）を2の上にのせ、ワイヤーでしっかりと巻き付け、フックワイヤーも大きめの輪でつくる。

［4］　スパニッシュモスをのせ、ワイヤーで固定する。

［5］　ウラジロの葉、ティーツリー、ソリダスター等、ボンドでしっかりベースにさし込んでつける。

［6］　残りの花材も入れる。（ワイヤリングして長さ調整）

［7］　リボンを付け、垂らす花材を最後にあしらい、全体のバランスを整え完成。

JiLL

Summer arrangement

涼しげな夏の簡単アレンジメント

夏は、外から入ってくる風に変化をつけたい季節。ガラスの出番です。風鈴のように見立てたり。同じボール型のガラスですが使い方次第でこんなに変わります。試してみてください。

JiLL
AUTUMN LESSON
Chapter3
秋のリースレッスン

1年で最も、リースを作りたくなる季節。待望の実もの登場です！実りがある一方で、枯れていく寂し気な雰囲気のものも作りたい。表現の幅が広がる秋です。色は深みのあるグリーンやオレンジ、ブラウンの出番です。

Son d'automn wreath
秋声リース

NO.13

[花　材]

プリザ
・ミリオクダラス（白色）

ドライ
・テールリード（3色各2本）
・カーリーモス（緑色）

[使うもの]

・15cmリースベース（ヒゲツル）
・糸針金（#28金色）
・リボンまたはタッセル
・木工用ボンド

POINT

ベース作りが重要！丁寧に作りましょう。

作業中、穂が飛んでしまうのでビンに入れながら（飾り用に）作りましょう。

1	2	3
4	5	5
6	7	8

作り方

［1］ リースベースの上にカーリーモスを置く。
作りたいベースをイメージして、モスの分量を調整。
［2］ モスをワイヤーで3周ほど巻きつける。(花材が入りやすいよう軽く巻く)
［3］ ミリオクダラスを全体に付ける。花材の流れは作りやすい方向でOK！
調整用に花材を少し残しておく。

［4］ テールリードは長さが揃うようにカットする。
［5］ 好きな色のテールリードから穂の根元にボンドをしっかり付けて入れ
7分目くらいで次のカラーを入れていく。

［6］ 残りの2色は並行して入れていく。
［7］ 残しておいたミリオクダラスやテールリードで全体のバランスを調整。
［8］ 好みのリボンでドレスアップして完成。

Fructidor wreath
実月リース

NO.14

[花材]

プリザ
- ピラミッド紫陽花（水色、緑色）
- ゆめ紫陽花（紫色）
- ペッパーベリー（紫色）
- シルバーティーツリー
- ブルーアイス
- スパニッシュモス

ドライ
- ナンキンハゼ
  （モスグリーンスプレーで着色）
- ノイバラの実
- ポアプランツ
- オレガノ
- ボタンフラワー（緑色）
- ラベンダー

[使うもの]

- 15cmリースベース
  （ストローバイン）
- ワイヤー#24
- 木工用ボンド

POINT

花材を絵の具のように使って
色遊びを楽しみましょう！

作り方

［1］ ベースのワイヤーを取り除き、ベースをほぐし細いワイヤーで巻く。
［2］ スパニッシュモスをのせる。
［3］ 花材を軽く置いて組み合わせを考える。

［4］ 大きな紫陽花から色バランスと花材の高さを決めて入れる。
［5］ 色を足していくように他の花材も入れていく。
［6］ ステムの弱い紫陽花は、ワイヤリングして入れる。

［7］ 頭の重いペッパーベリーが不安定な場合、実にボンドを付け横の花材に固定。ぐらつく花材には支え用のワイヤーや枝を入れ安定させる。
［8］ 外側や内側のスパニッシュモスはオレガノやUピンでとめ完成。

Nut's oval wreath
木の実のオーバルリース

NO.15

[花 材]

ドライ
- ケイトウ
- フヨウ
- ノコギリ草
- トータムフィーメイル
- シダーローズ（ヒマラヤ杉）
- アメリカーナ
- ニゲラ
- リンフラワー
- ニゲラ・サティバ
- ローズヒップ
- カネラカット
- メタセコイヤ（曙杉）
- プッカポッド
- チョロナッツ（チャンチンモドキ）
- カシュリナ（モクマオウ）
- ツガ
- シナモン
- ボラフラワー
- サンキライ

プリザ
- アイスランドモス

[使うもの]

- 20cmリースベース（ストローバイン）
- リースワイヤー
- 目打ち
- グルーガン
- 木工用ボンド

POINT

花材の形と色のバランスをとりながら、パズルのピースをはめていくようなイメージで作ります。

リースの高さは、均一になるよう意識します。

作り方

［1］ ベースをオーバル型に手で曲げ、リースワイヤーで巻く。
　　　目打ちで穴をあけ花材を挿しやすくしておく。
［2］ ベースにボンド付けモスを張り付ける。
　　　モスは薄く広げ、特に実をつける場所には少なめにしておく。

［3］ 大きい実から順に付ける。赤と黄の花材はバランスよく入れる。
　　　主にボンドで接着。側面はグルーを使用すると便利。
［4］ リースの高さが均一になるよう小さい実で調整して完成。

Ventôse wreath
風月リース

NO.16

[花 材]

ドライ
- リペンススーパーカット
- ウイローユーカリ（白色）
- グレピレアアイバンホー
- シャリンバイ
- カニクサ
- グンバイナズナ
- リューカデンドロン シルバートゥーリー
- 初雪カズラ
- ローズヒップ
- ヘリクリサムフェアリー
- ユキ柳
- カーリーグラス
- アナベル
- ワイヤープランツのつた

プリザ
- かすみ草・パウダーグリーン
- スモークツリー・グリーン

[使うもの]

- 20cmブーケホルダー
- 20cmリースベース（ストローバイン）
- ワイヤー#24、#26
- 木工用ボンド

POINT

儚い花材も大切に生かせるリース。晩秋の季節をリースの中にワイルドに、繊細に。

	1	2
3	4	5
6	7	8

作り方

[1] ブーケホルダーの突起部分は不要なのでカット。
[2] [1]の上にリースベースを重ね、ワイヤー #26で6カ所程度とめる。
　　 [2]にワイヤープランツを重ね、ワイヤー #26をUピンにしてベースにとめる。

[3] リペンスはワイヤー #24でワイヤリングし、リースベースにしっかりとめる。
[4] カーリーグラスは根元を斜めにカットしボンドをつけて少しずつ入れる。
[5] カーリーグラスの先を留めたい時はワイヤー #26で先を束ねベースに挿し込む。

[6] ウイローユーカリを入れる。
[7] アナベルはワイヤー #26でワイヤリングをして入れる。
[8] グレピレア、細かい花材を入れて完成。

Cinnamon oval wreath
シナモンのオーバルリース

NO.17

[花材]

ドライ
- シナモン（12cm）
- シナモンチップ
- ★ユーカリエキゾチカ（金色）

[使うもの]

- ★スケルトンリーフ（金色）
- ベルベットリボン（135cm）
- 25cmリースベース（ヒゲツル）
- リースワイヤー
- ハンマー
- 糸針金（#34金色）
- リースワイヤー
- グルーガン
- 木工用ボンド

POINT

グルーボンドは、かたまりや糸ひきができるので仕上げのタイミングで可能なところは、ボンド付けで！

1	2	3
4	4	5
6	7	7

作り方

［1］ ベースをオーバル型に手で曲げ、リースワイヤーでベースを巻いて型を整える。
［2］ シナモンの中央をハンマーで割り、ハサミなどでカットし色々な形を用意する。
［3］ まずはリースベースの凹みに合わせてシナモンをグルーで付けていく。

....

［4］ グルーボンドはたっぷりとつけ、ベースの隙間にシナモンをしっかり固定できるように入れる。
［5］ シナモンの角度で変化をつける。シナモンチップを付ける。

....

［6］ リボンを2つ折りにし10cmくらいのところで結ぶ。(フック用)
　　　残りのリボンでベースに結びつける。
［7］ ★の花材でオーナメントを作り、糸針金でまとめリボンに巻きつけ完成。

JiLL
Autumn arrangement

素材を飾る、秋の簡単アレンジメント

秋は、素材そのままの魅力だけで充分楽しめます。「見つけた秋」や「拾った秋」をシンプルなトレイやプレートにのせたり、瓶や籠に入れたり。秋の実ものは、特に何も手を加えなくても存在感を放ちます。大切なのは、飾る空間でしょうか。

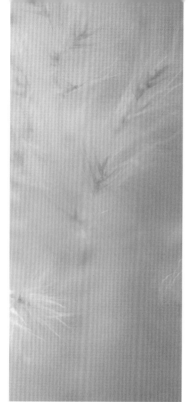

JiLL
WINTER LESSON

Chapter3

冬のリースレッスン

いよいよ、クリスマスにお正月。ジルでは、11月にクリスマスアレンジを12月にお正月アレンジを作ります。身近な方への贈り物に！来年が良い年になりますように……。思いを込めて作りましょう。

Nut's plate arrange
ナッツ・プレートアレン

NO.18

[花材]

プリザ
- マウンテンジュニパーベリー

ドライ
- グイの実
- カラマツ
- ユーカリボタン
- シダローズ
- カシュリナ
- メタセコイヤ
- チョロナッツ
- ケムフルーツ
- バーゼリア
（ゴールドやナチュラルなものを使用）

[使うもの]

- シャビーラスティートレイ
- グルーガン

POINT

根気は必要ですが達成感があります。
三日月のボリュームの強弱を美しく
仕上げましょう。

|1|2|3|
|4|5| |

作り方

[1] 鉛筆で三日月の形をトレイに書き、ジュニパーベリーをラインに合わせて外側向きにグルーで付けていく。
[2] 実の中から、形の悪い物、たくさんある物、隠れても大丈夫な物から付けていく。
[3] 三日月の厚みを考えて、実の上から重ねてグルーで接着する。
....
[4] かわいい実は見えるところに。小さな実は高さ調節に使用。
[5] ジュニパーベリーでバランスを整え、バーゼリアをトッピングすれば完成。

Square christmas wreath

スクエア・クリスマスリース

NO.19

[花材]

プリザ
・ヒムロ杉
・ブルーアイス
・マウンテンジュニパーベリー

ドライ
・ポポラス
・ウラジロ
・綿
・ルナリア
・ナンキンハゼ
・アンバーバウム
・バグリ
・シャリンバイ
・スターアニス
・グイの実
・ユーカリボタン

[使うもの]

・フリッジリボン
・25cmリースベース(ヒゲツル)
・ワイヤー#24、#26
・木工用ボンド

POINT

丸いリースベースを四角にアレンジ！
トッピング花材はワイヤリングをして
しっかりとベースに付けていきましょう。

1	2	2
3	4	5
6	7	8

作り方

[1] ヒムロ杉をカットし、リースベースの上にスクエアになるよう置く。
[2] [1]をワイヤー#24のUピンで固定。角の交差した枝もUピンで巻き固定。

....

[3] 葉の流れは気にせず、さらに杉をボンドで入れてボリュームを出す。
外側は四角、内側はまるく仕上げる。
[4] 大きな花材とリボンの位置を考える。
[5] トッピングする花材で、ステムのない実ものはワイヤーリングしたり、
枝を利用してステムにする。(参考ページ:P24)

....

[6] リボンはベースごと包み片結びにし、結び目にワイヤー#24のUピンで固定。
[7] 綿のまわりから少しずつ花材を入れていき、メリハリを出す。
[8] リボンの先はブルーアイスにひっかけ動きを出せば完成。

Kumade new year arrange
熊手のお正月飾り

NO.20

［花　材］

ドライ
　・綿花
　・椿の実
　・松カサ アイボリー
　・サンキライ
　・ナンキンハゼ
　・ケーンフルーツ
　・ボタンフラワー
　・月桃
　・落花生（水引を結んでおく）
　・ペッパーベリー（白色）

プリザ
　・ヒムロ杉
　・ティーツリー（緑、赤）

［使うもの］

　・紅白のひも
　・ちりめん梅
　・水引タッセル
　・熊手
　・ワイヤー#26（茶、白）
　・グルーガン
　・木工用ボンド

POINT

お正月のお飾りは縁起物
しっかりと接着しましょう。

1	2	3
3	4	5

作り方

[1] 熊手の裏の中央にワイヤーフックを付け、紅白ひもを結んでおく。

[2] 花材やパーツにワイヤーでステム付けをしておく。
　　　　・綿花…裏の額の部分を取り除きワイヤーがけ
　　　　・落花生…白ワイヤーで水引きのところにワイヤーがけ
　　　　・松カサ、椿、水引タッセル（ひもの部分）…ワイヤーがけ

[3] ヒムロ杉を熊手に付ける。ボンドで貼り付け、所々Uピンで固定。

[4] まずはそれぞれのパーツを熊手の上に置き、大きなパーツから付ける。

[5] ちりめん梅はボンドをたっぷりと付け接着。
　　　その下のヒムロ杉がしっかりと熊手に接着していることが大切。
　　　残りのパーツもボンド付けしていく。
　　　接着しにくい場合はグルーを使用し落ちないようしっかり付けて完成。

Kadomatsu arrange
門松アレンジ

NO.21

[花 材]

ドライ
・竹3本組（黒色）
・稲穂
・ソラガーデニア（クチナシ）

アーティシャル
・松
・笹（金色）
・アスパラ（金色）

プリザ
・スターリンジャー
・ユーカリエキゾチカ
・シートモス（苔）

[使うもの]

・オアシス　1/3
・タッセル
・器
・目打ち
・ワイヤー#24
・フローラルテープ
・木工用ボンド

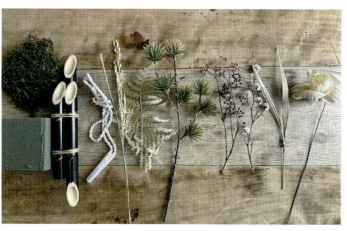

POINT

一つ一つの花材の高さ・角度が重要になるデザイン。メリハリが大切です！ワイヤーの使い方に注意。

作り方

[1] オアシスの四つ角を面取りして器に入れる。器より高さは低くしておく。
[2] 隙間にもオアシスを入れ固定する。
[3] 中心よりやや後ろに竹を挿す。

[4] さらにオアシスを器の高さまで追加。
[5] 苔をこん盛り入れる。器から出た苔は目打ちで入れる。

[6] 各パーツをどのように配置するかを考え、必要であればワイヤリングをし、見える部分にはテーピングをして挿し込む。苔を盛り直しUピンでとめる。最後にタッセルの結び目にUピンワイヤーをして挿し込めば完成。

Shimenawa arrange
しめ縄飾り(二重型)

NO.22

[花材]

ドライ
- ソラパールピオニー大
- ソラパールピオニー小
- パームスペード
- ヒメワラビ
- グレピレアゴールド
- ラグラス

プリザ
- カーニバルファーン
- アナベル
- ルスカスガーデン

[使うもの]
- ごぼうしめ縄
- フローラルテープ
- フレッジリボン
- ワイヤー#24、26
- グルーガン
- 木工用ボンド

POINT

ベースのデザインは自由に！
しめ縄の固定には、ワイヤーだけでなくフローラルテープも使いましょう。花材が安定します。

お正月飾りの後は、スワッグにアレンジすると長く楽しめます。

作り方

[1] ベースのデザインを決め、ワイヤー#24でしっかりと固定。
さらにフローラルテープを巻くことで、花材がすべらず、きれいに仕上がる。
[2] だいたいの花材位置を決める。
[3] ソラフラワーをグルーで調整。傷んでいる所、大きく、小さくも可能。

[4] アナベルはワイヤー#26でワイヤリングしテーピング。
[5] 花材のワイヤーは向きを変えたり、手でしならせカーブを付ける。
[6] しめ縄にパームスペード、ヒメワラビをテープで巻きとめる。
その上からピオニー大も巻きとめる。(テープは事前にカットし準備しておく)

[7] ピオニー小はカーブさせてベースにそわしテープでとめる。グレビレアも同様に。
[8] 残りの花材をグルーやボンドで接着。リボンはふわっと感を出すためにひと結びし、
ワイヤー#26を付けベースに垂らして完成。

Shimenawa arrange
しめ縄飾り(だるま型)

NO.23

[花材]

ドライ
- ソラパールピオニー大
- ソラパールピオニー小
- パームスペード
- ヒメワラビ
- グレピレアゴールド
- ラグラス

プリザ
- カーニバルファーン
- アナベル
- ルスカスガーデン

[使うもの]
- ごぼうしめ縄
- フローラルテープ
- フレッジリボン
- ワイヤー#24、26
- グルーガン
- 木工用ボンド

POINT

ベースのデザインは自由に！
しめ縄の固定には、ワイヤーだけでなくフローラルテープも使いましょう。花材が安定します。

お正月飾りの後は、スワッグにアレンジすると長く楽しめます。

作り方

［1］　ベースをだるま型にし、ワイヤー#24でしっかり固定する。
［2］　さらにフローラルテープで巻く。
［3］　ピオニーのステムをカットし、テープで巻き上からワイヤーも巻いておく。

［4］　アナベルはワイヤー#26でワイヤリングしテーピング。
［5］　ラグラスもテープでまとめておく。
［6］　しめ縄にパームスペード、ヒメワラビとひと花材ごとテープで巻きとめる。

［7］　残りの花材をグルーやボンドで付けていく。
［8］　リボンをひとつ輪にしてワイヤーでくくり、ピオニーをベースにとめる。
　　　しめ縄の両端を斜めにカットして完成。

Red love wreath
赤い実のハートラブリース

NO.24

[花　材]

ドライ
・ゴールデンボタン
・アマレリーフラワー
・サンキライ
・ノイバラ
・ノバラ
・ペッパーベリー 赤

[使うもの]

・ハート型リースベース
・ワイヤー#24（フック用）
・リネンリボン
・スタンプ
・目打ち
・木工用ボンド

POINT

大きさの違う赤い実ばかりを集めたワンカラーの作品。サンキライをそのまま使ったり、バラしたり、裏向きで使ったりと、工夫します。

作り方

[1]　リースベースを自分の好きなハートの型に整える。
　　　花材を挿しやすいように、目打ちでベース全体をしっかり刺しておく。
[2]　フック用ワイヤーをUピンにしてくるっとベースに巻く。

[3]　どこの場所にどの花材をアレンジするかを決めてから花材を入れる。
　　　・大きな花材を先に入れ、隙間に小さな花材を入れる。
　　　・ベースの中央ラインは、盛り上がるように高さを考え入れていく。

リボンはお好みで付けます。
リネンリボン、2cm幅を16cm使用。"LOVE"のスタンプを押しています。

JiLL

Winter arrangement

冬を彩る簡単アレンジメント

普段使いのガラスの花瓶や木の器、陶器など… そこに白や金銀、赤や緑の色を基調とした飾りつけをするだけで、凛とした冬を演出することができます。
使うアイテムには、昔ながらの風習を取り入れてみるのもいいですね。「永遠」の想いを込めた常緑樹、「成就・実り」を願った実ものや豆…
そんな生活なら福もやって来そうです。

JiLL
WREATH LESSON

Chapter 4

花材の扱い方

01 | 花材の劣化対策
02 | 色褪せした花材の生かし方
03 | ドライフラワーの作り方

01 | 花材の劣化対策

出来上がった作品が、どれくらい色を保つのか？
持っている花材が時間とともにどのように変化していくのか？
これが一番気にかかることかと思います。
気をつけたいこと、また対処法なども紹介します。

直射日光

紫外線に当たる時間が長いと色褪せが進みます。特にナチュラルなドライフラワーは劣化が早い。

[保管方法]
できるだけ直射日光に当たらない場所に置くことが大切です。花材の上に黒い紙を掛けたり、新聞で巻いたり、保管している部屋は日光を入れない工夫をします。

湿度

ドライフラワーは、湿度が高いと色褪せやカビの原因に。プリザーブドフラワーは、液漏れやカビの原因に。

[保管方法]
温度変化や湿度変化の少ない場所で保管します。床よりは棚の上、1階よりは2階に。大切なリースや花材は、新聞で包んだり、密閉容器や箱に入れ風通しのよい場所で保管します。5月中旬〜9月の末までが要注意時期。（長雨が続くとカビが生えやすくなります）

害虫

暖かい季節は虫たちも活発になり、大切な花材が虫たちの食料になることがあります。放置しておくと大量発生になる恐れがあるので注意が必要です。湿度により、花びらが柔らかくなりそれをエサとして、虫が発生することもあります。

[保管方法]
ペッパーベリー：密閉容器で保管
ドライフルーツ：冷蔵庫で保管
部屋に入って来た小さな蛾も退治しておくことをオススメします。

02 | 色褪せした花材の生かし方

色褪せた花材にも新たな命を吹き込む方法はいくつかあります。
手軽にできるので、無駄なく最後まで花を楽しみましょう。

その色を受け入れる

ナチュラルな花材は、その旬の色を永遠に保つわけではありません。色変わりの変化ごと、愛おしい気持ちで楽しみましょう。

例：バラやバラの実、ラグラス等の草系

着　色

花材によっては、スプレーを使って着色もします。手軽にできるのでとってもオススメです。ふんわり色を掛けると、ナチュラル感がでます。初めてトライされる方は、白から試してみてください。

例：サンキライ、エキゾチカ、ユーカリ、ナンキンハゼ、ブルーファンタジー

脱　色

脱色は、漂白剤を使います。原液を少し薄めて、漬け込みます。様子を見ながら、数日漬けたり。変化がなければ、原液を足したりと調節します。かかる時間と液の量は、花材の厚みに比例します。私は、汚れた花材も漂白してキレイにします。

例：アナベル、山イモのツル、ナンキンハゼ

03 | ドライフラワーの作り方

花材に合わせて、乾燥させます。
どの方法でも大切なのは、花材そのものがイキイキしているものを使うこと。
傷んだものや、枯れそうなものは、キレイなドライフラワーにはなりません。

1 干す

風通しのよい場所に、干すことで簡単にドライフラワーができます。あまり密集しないよう葉を処理したり、花の位置をずらし束にして干します。お部屋のインテリアにもなります。

2 寝かす

「干す」ことは、重力がかかるため、仕上がりに違和感が出ることがあります。私は枝に付いている葉は、寝かせて乾かします。あと、重いものは一度寝かせて乾かし、軽くなってから干すということもしています。

| 3 | 生ける |

乾かす目的なのになぜ？と思いますよね。水を吸いながら少しずつドライになる方がキレイにできる花材があります。カスミ草がその代表。紫陽花も少しカサカサした状態になっていたら、生けたままでドライフラワーになります。

| 4 | 漬ける |

粉末状のシリカゲルに花材を漬け込み、乾燥させると生花のような仕上がりになります。吊りでは、ドライフラワーにならないような花もキレイに仕上がります。花びらの薄いもので1週間ほど、厚いものでも2週間ほど漬け込むと完成します。湿度にかなり弱いので、ハーバリウムやフレームのアレンジにしたり直接、風を受けないようなアレンジに使用します。

JiLL
Masumi Yamanaka

Portfolio

作品集

MASUMI YAMANAKA
FLOWER COLLECTION

MASUMI

YAMANAKA

PHOTOGRAPHY

RAIN & FLOWER

MASUMI

YAMANAKA

ART WORKS

おわりに

「JiLL Wreath Book Ⅱ」は、
いかがでしたか？
今思えば
花が愛おしい…
そんな思いから、
全てが始まったリース作りです。

制作しているときの集中は、
普段の生活にはない
自分だけの花との時間。
それは、心地よいものですが
最近は、年齢のせいか短時間になってきました。

花のドライフラワーの姿、
果ててもなお輝きを増すその姿は
私に次に生きるステージを求めているように
語りかけてきます。

その声に応えて
それが果たせ　カタチになったとき
大袈裟だけど　ほっとして任務完了みたいな気持ちに…
花と私がニコニコです。

そしてその作品が選ばれて、
喜んで迎えられたとき
嫁に出した　多幸感に包まれます。
花とお客様と私がニコニコニコなのです。

この本を通して
少しでも花との時間を
取り入れてもらえたら、
ニコニコの輪が広がることを願っております。

そして
この本を迎えいれてくださったことに
感謝いたします。
ありがとうございました。

やまなか　ますみ

Special Thanks

「JiLL Wreath Book Ⅱ」は、クラウドファンディングの支援金を基に出版されました。206人の方の賛同で2,109,000円もの支援金が集まりました。プロジェクトに参加してくださった協賛者の方々、本当にありがとうございました。以下協賛者(希望者のみ)の方々のお名前になります。(敬称略)

クラウドファンディング支援者ご芳名

柳川貞幸	森下典子	野澤 香	弘田暢雄
柳川晴美	テディベア	よしこ	吉崎 悠樹
大浜玉枝	日高葉月	楠瀬康介・彰子	lovewind
齊藤友彦	田内早苗	Ogino Hiromi	中村愛美
大浜正次	土佐の暴れ鰹いごっそう	中野 香	山本璃子
ダニエル	Taniguchi Family	寺田麻子	ダンテ
しゅうすけ	kazuyo	岬建築工房	ちえ
ゆうこぴょん	Naho	山下祐美子	広瀬陽子
北村清久	y.nanami	田崎博之	有限会社靖コンサルタント
北村暁美	ロコもこ	溝渕 香	米田亜弥
北村 実	石井佳奈子	fuu_mii	根岸敬子
ひなてゃん	オニ	レモン	幸福洋子
西岡茉奈	川口真司	有澤美佐	原 由紀子
眞里	ぬこはは	Maki	タロウ
臼井綾伊加	藤崎加代	YUMI.H	仙波万里子
半田玲子	KM	右城仁美	芝野和美
川島佐和子	若林義弘	白石貴子	橋田 良
小林美由紀	ひろ美	上村美保	山下太基
横田富美	メリーガーデン	菅 美喜	黒川たくま
小池有紀	佐竹製麺	砂松周平	satomi
笠原美枝子	ぺこたん	筒井啓文	谷本捷斗
atsumi	大田直美	高橋美喜子	如月光一
楠瀬由美	fusayo tone	Fire cut club	西山こうすけ
村田法子	古川貴子	村井和枝	小松拓未
ラヴィ・ボーテ	山脇啓歳	山下隆文	W・I・S・H
taka & yuko	德永倫子	吉永けいた	松岡 諒
楠瀬祐二税理士事務所	山本のぞみ	野村和秀	安達葉子
梯まどか	fu-kukka	ナオキ	吉成幹子
りかこ	kuniko	高橋恭子	Kalala
近藤志保	Chiaki	岡村沙織	天野竜馬
村田僚子	i.chikayo	池田孝一	橋田翔太
窪 好美	吉永愛弓	ゆきんこ	上田 蓮
奈路美沙子	渡辺淳子	戸越一樹	ひでじい
株式会社アッシュ	伊藤弘雅	Wan	山中崇寛・萌美
犬伏 哲	西川 衛	に一だ	ヤマナカリセイ
岡田哲子	h.takako	三宅真子	山中華穂
東野稔子	せっとん	宮中袈南子	山中 響
久野京子	佐竹晴翔	遠藤 諒	UNE

著者　やまなか　ますみ
山口県生まれ、高知県在住。
1999年、自宅にてショップJiLLを開業。
2010年、初の出版『JiLL Wreath Book』を
刊行。現在、3人の息子は巣立ち、夫と愛犬
アン（娘）の3人暮らし。家事とアンの世話
と季節の花に追われる毎日です。

JiLL Wreath Book Ⅱ
手づくりリース、季節の24レシピ

発行日	2024月11月15日　初版第1刷発行
著　者	山中真澄
デザイン	秋山美江
写　真	山下隆文（P2.6.10.14.118）
	山中真澄
発行者	坂本圭一朗
発行所	リーブル出版
	〒780-8040 高知市神田2126-1
	TEL 088-837-1250
印刷所	株式会社リーブル

Ⓒ Masumi Yamanaka, 2024 Printed in Japan
定価は帯に表示してあります。
落丁本、乱丁本は小社宛にお送りください。
送料小社負担にてお取り替えいたします。
本書の無断流用・転載・複写・複製を厳禁します。
ISBN 978-4-86338-425-5